A verdadeira liberdade

< CRIS SANTOS >

- A verdadeira liberdade -

AGRADECIMENTO

Eu agradeço à Deus pela oportunidade da existência. À minha mãe, Dona Edelzuita, por me aceitar, gerar, cuidar de mim com tanto amor, ensinar princípios, valores, corrigir, por ter sido o abraço e cafuné, sempre me dizendo para levantar, sacudir a poeira e dar a volta por cima, por ser a melhor avó que Maria poderia ter, meu grande exemplo de mulher de fé, por me ensinar que melhor é dar que receber. Ah... eu escreveria mais um livro só falando dessa baiana porreta, que depois de tanta rebeldia eu descobri, que é a pessoa que eu mais amo nesse universo!

Agradeço ao meu pai, Cícero Edésio, coisa mais linda, que me carregava no colo quando ainda pequena, todas as vezes que eu me cansava, que protegeu e proveu. Presepeiro, sempre tinha uma carta na manga pra arrancar um sorriso, se a casa estivesse muito quieta, não posso deixar de dizer obviamente, que é também o melhor avô que Maria poderia ter.

Eu amo vocês e hoje entendo que tudo que puderam, fizeram por nós, do jeitinho que vocês davam conta e continuam fazendo. Vocês são nossa base, nosso alicerce, eu reconheço 50% de cada um em mim e sou tão feliz por tê-los como meus pais.

Bença Pai! Bença mãe!

Cris Santos

SUMÁRIO

PREFÁCIO

Uma das coisas que faço com muito prazer é ler um bom livro. O texto do livro: "A verdadeira liberdade" é riquíssimo no tema de cura. A razão da apreciação do tema tratado é que trabalho com cura interior, amo "gente" e me interesso pelo assunto. Portanto, realizar a correção do livro da Cristiane para mim foi motivo de grande satisfação e cura para minha vida.

De repente, estava com o texto em minhas mãos e não tinha a menor ideia do que Deus iria falar ao meu coração.

Naquele momento, o que importava para mim era a parte técnica da correção. Porém, fui envolvida pelas palavras ditas com tanta propriedade na área de cura interior que me vi com as sensações pertinentes às pessoas que necessitam desse instrumento de cura.

Principalmente, quando li o capítulo 8, que fala sobre o merecimento, fui tremendamente tocada, pois, assim como a Cristiane, passei por situações que deixaram em mim a marca do não merecimento.

Hoje, após a leitura do livro: A verdadeira liberdade, sinto-me livre nessa área. Fui desligada daquele sentimento ruim do não merecimento. Agradeço a Deus e a Cristiane por ter me permitido essa leitura.

Entendo que, por meio dessa leitura, se a pessoa deixar o Espírito Santo falar; poderá ser curada no espírito, alma e corpo. Isso será evidente, porque quando tratamos do nosso interior, os sintomas físicos doentios deixam o nosso corpo. Ficamos inteiros; corpo, alma e espírito.

Também, durante a leitura, tanto da narrativa quanto das declarações, o leitor poderá se identificar com algum fato pertinente à sua vida. Se agir conforme as orientações dadas, poderá experimentar um novo mover de Deus. Nos próximos dias verá a ação de Deus naquela área em que se sentia preso.

Além do mais, aqui consta o testemunho de uma mulher de Deus que atendeu ao seu chamado e se dispôs a realizar uma obra de exposição da sua vida para edificação de outras vidas, conduzindo-as à presença de Deus. Que o nome de Jesus seja exaltado.

Deus abençoe a sua leitura!

Áurea Ferreira de Oliveira Fonseca

APRESENTAÇÃO

Essa leitura talvez seja uma viagem muito louca para você. Para algumas pessoas, pode fazer total sentido, mas para outras não. Se você não se identificar, certamente irá se lembrar de alguém que possa se identificar.

Então, sugiro que você dê esse livro de presente, pois trata-se de um processo de cura e libertação. Portanto, para aqueles que se identificarem, possivelmente passarão por alguns momentos de dor

Para curar uma ferida, muitas vezes, precisamos expô-la, nesse caso, estou falando de feridas na alma. Expor quer dizer trazer à memória algo que provocou algum tipo de trauma, ressentimento ou que, simplesmente, está abafado, escondido e por esse motivo, a vida fica estagnada. Em algum aspecto ou na maioria, arrisco ainda dizer que, em todos os aspectos.

Esse livro é baseado na minha própria história de vida e em todo o aprendizado que coloquei em prática e que verdadeiramente me libertou.

A minha missão aqui é compartilhar essas experiências e entregar chaves que, definitivamente, te ajudarão a abrir as portas necessárias para alcançar a liberdade tão desejada. No entanto, eu entrego as chaves, mas é você quem precisa virá-las.

É uma leitura simples e de fácil entendimento, você poderá fazer uma leitura direta ou escolher um tema aleatório. Existe uma sequência em cada capítulo, eu direi o acontecimento, a consequência e qual a chave para libertar-se.

No final de cada capítulo terão declarações, pois as palavras são poderosas e você aprenderá a usá-las a seu favor. Haverá também uma página em branco para você escrever tudo o que vier à sua memória, pode ser uma situação, um nome, um sentimento, uma emoção ou o que você desejar.

Nesse momento, o ideal é que você esteja sozinho no ambiente para não se desconcentrar e para realizar as declarações em voz alta. Minha sugestão é que só passe para o próximo passo após conseguir realizar a declararação.

O ideal é que você se entregue por completo e repita as declarações quantas vezes forem necessárias, apenas confie no processo e... SEJA LIVRE!

Capítulo 1

VISÃO

Por volta de 16 anos atrás eu tive uma visão, não acreditava muito que isso fosse possível até viver aquela situação. Estava em uma sessão de massagem terapêutica, quando me vi montada em um cavalo que corria veloz num campo, no alto de uma montanha. O campo era muito grande, eu pude sentir o vento gelado em minha face e meus cabelos balançando fortemente com aquela velocidade. A sensação de liberdade era indescritível, aquilo foi tão real que, a partir daquele momento, eu tive a certeza de que aquele lugar existia, não sabia onde era, mas sabia que um dia o encontraria, que um dia estaria ali, a minha alma ansiava por isso.

Nas olimpíadas de Londres em 2012 eu já havia me tornado mãe, minha filha tinha um ano de idade e meu irmão, que já morava na Inglaterra, desde 1999, me convidou para passar um mês com ele e sua esposa. Ele tinha o desejo de conhecer a sobrinha. Então, realizamos a viagem. Foi amor à primeira vista, era verão, a Inglaterra estava linda, haviam flores por todos os lados.

As pessoas eram tão receptivas e amigáveis, o país estava em festa, existia uma atmosfera de alegria. Meu irmão havia planejado alguns passeios e nós aproveitamos cada segundo. Em um dos passeios que fiz com a minha cunhada, fui surpreendida. Ela começou a subir uma rua e, quando chegamos lá em cima, fez uma curva, passou por uma rotatória e, "BUM"! Ali estava o lugar que minha alma ansiava estar! Fiquei impactada porque é como se já houvesse estado ali, vivenciando uma sensação de liberdade. Perguntei pra ela: "Que lugar é esse?" Então falou: "Esse lugar chama-se Epson Downs, aqui as pessoas andam a cavalo e, uma vez ao ano, a rainha vem assistir a corrida." "Oi? O que você disse? As pessoas andam a cavalo?" Perguntei perplexa!

A essas alturas já estava emocionada. Contei para ela sobre a visão e, a partir daí, existia uma incógnita... por que tive a visão e agora estava ali, exatamente no mesmo lugar e mais, sobre ser um lugar especial para cavalgar? Havia um mistério, eu sabia que precisava descobrir, afinal, nada disso seria por acaso, mas estava totalmente fora do meu entendimento. Portanto, eu apenas aproveitei toda aquela paisagem.

Essa visão me acompanhava, eu sempre me lembrava disso, todas as vezes, até hoje, quando me lembro, a paz invade o meu ser. Depois disso, visitei a Inglaterra por mais algumas vezes, e, claro, sempre visitava Epson Downs.

Decidimos passar o Natal de 2019 na Inglaterra, dessa vez, meus pais também participariam e depois de 10 anos teríamos o Natal em família. A família estava completa. Ah! Esse seria o melhor Natal de nossas vidas.

Meus pais viajaram duas semanas antes do Natal, eu e minha filha fomos na semana seguinte.

Que alegria estarmos todos juntos e poder reencontrar amigos. Como de costume, no Brasil fizemos o amigo secreto, que é uma brincadeira tradicional em tempos de Natal.

Compramos os presentes e a expectativa era a melhor possível. Estávamos repletos de alegria, jamais poderíamos imaginar que o que estava por vir mudaria completamente o rumo de nossas vidas.

Em 25 de dezembro de 2019, todos prontos para ir ao jantar de Natal, uma parte da família foi na frente , a outra parte depois. Éramos eu, meu irmão e minha mãe. Estávamos todos na sala, quando minha mãe pediu para usar o toalete, que ficava no piso superior, estávamos apenas aguardando sua volta, quando ouvi o seu grito e um barulho assustador, ao descer as escadas ela se desequilibrou e caiu.

E a noite de Natal virou um pesadelo. Solicitamos uma ambulância. Chegando ao hospital, após uma série de exames, foi constatado que ela havia quebrado o quadril. O médico disse que ela precisaria passar por uma cirurgia de urgência, ele deixou bem claro que, pela idade dela, aos 82 anos, e pelos problemas de saúde que ela tinha, poderia não resistir.

O caso era bem grave, se ela sobrevivesse, talvez não voltasse mais a andar, afirmou ele que, se por um milagre ela voltasse a andar, seria, no mínimo, dentro de sete meses e com muita fisioterapia.

Eu e meu irmão sabíamos que ela não poderia voltar para a casa dele por causa da escada, começamos então, uma busca pela casa ideal. Trabalho duro, porque não encontrávamos casa com banheiro no primeiro piso, quando tinha banheiro não tinha o quarto, quando tinha o banheiro e o quarto no primeiro piso, os donos não aceitavam a responsabilidade de ter a casa alugada para dois idosos.

Dias difíceis, dias de aflição. Bem, o milagre aconteceu. Em sete dias ela estava andando, para a surpresa de toda a equipe, que a liberou de volta para casa dois dias depois.

Iria no nono dia para casa. Quando me disseram que ela estava de alta, eu pensei: "que casa?".

Desesperada, liguei para meu irmão e ele me disse que havia encontrado a casa ideal. Meu coração se encheu de alegria, de alívio e o sentimento de que, naquele momento eu já não me importava onde era, eu só queria levar a minha mãezinha para casa. Nós precisávamos antes, fazer uma limpeza e levar nossas coisas. Para minha surpresa, a casa era em Epsom Downs e misteriosamente porque só existem mansões naquele local e completamente fora do nosso orçamento. Mas, cerca de 10 anos antes, meu irmão havia morado em uma das casas desse senhor e ele disponibilizou a edícula nos fundos da casa dele, que era exatamente em frente ao campo onde tive minha visão. Ah! Eu não tive dúvida, sabia que algo aconteceria naquele lugar, algo que eu precisaria aprender, entender, enxergar, não sabia o que, mas estava atenta. E todos os dias apreciava aquela linda paisagem. Em janeiro completei meus 40 anos, vida nova, tudo novo, no Brasil, costumávamos usar uma expressão que diz, "a vida começa aos 40" e de fato, era o que eu sentia. Em março de 2020 tivemos o primeiro lockdown, não saímos de casa, contraí Covid 19, fiquei uma semana de cama.

Em abril decidi fazer um detox, muito sério, chamado a semana da limpeza hepática. Consiste em alimentar-se somente de comida natural, nada animal e ingerir muita água. Esse detox é tão poderoso que, no último dia, às 2:00h da tarde, depois de horas de jejum, pode ser consumida uma laranja e foi então que tudo aconteceu!

Eu jamais havia comido uma laranja tão saborosa, suculenta e doce em toda minha vida, a experiência foi tão louca, eu me ajoelhei e comecei a agradecer a Deus, ao universo, por aquele alimento. Eu não sei qual o nome você costuma dar para esse ser superior que existe, mas eu o chamo de Deus, muitas vezes de pai. Cada um pode dar o nome que mais se identificar.

Foi através dessa experiência que eu tive a revelação de que deveria escrever esse livro, tive a visão da capa e do nome do livro, incrivelmente, era como se uma gaveta, com aqueles artigos antigos se abrisse e eu acessasse todo o conteúdo que ali estava. Então, entendi porque eu precisava estar ali, passar por tudo aquilo, é porque eu preciso passar essa mensagem para você leitor(a).

Eu amo ler livros, principalmente, baseados em fatos reais, também leio a Bíblia, existem muitas leituras bíblicas que acho muito loucas, eu realmente aprecio os ensinamentos que existem lá, ensinamentos de sabedoria, para todos os aspectos da vida. Gosto muito do Life style de Jesus e também Salomão, que foi um dos homens mais sábios de toda a história.

Existe, em Romanos 12:2, uma frase que diz assim: "...e não vos conformeis com este século, mas transformai-vos pela renovação da vossa mente..." Como um livro tão antigo pode trazer uma mensagem tão atual? E eu concordo plenamente! Muitas coisas loucas estão acontecendo e nós não devemos simplesmente entrar nessa fôrma e nos igualarmos, precisamos, a cada dia, renovar as nossas mentes. Então te convido agora, vamos renovar? Espero que você goste!

Capítulo 2

EXPERIÊNCIA IMPACTANTE

Qual é a primeira lembrança da sua vida? Eu arrisco em dizer que foi algo muito bom ou algo muito ruim, traumatizante. Bem, a primeira lembrança que tenho da minha vida foi quando eu tinha aproximadamente três anos de idade e não foi nada agradável. Minha mãe saiu e me deixou sob os cuidados de uma moça, ela era filha da dona da casa onde morávamos , dividíamos o mesmo quintal. Lembro-me perfeitamente quando ela sentou- se, me colocou de barriga para baixo em seu colo, em suas pernas, baixou minhas calças, abriu meu bumbum, chamou o cachorro e deu uma ordem para que ele me lambesse. E foi assim que se iniciou um ciclo de abusos em minha vida.

Meu pai era metalúrgico, o que ganhava

pagava as despesas básicas da casa e minha mãe revendia roupas para auxiliar.

Ela sempre ia ao centro de São Paulo, para ser mais exata, ao Brás, buscar encomendas, quando não estava fazendo suas compras, estava visitando suas amigas e clientes para realizar suas vendas.

Por esse motivo, ela nem sempre me levava com ela, era mais fácil me deixar na casa de alguém, como ela dizia... andava mais rápido sozinha. O que ela não sabia é que eu acabava sempre sendo vítima de abusos. Mas eu não podia contar pra ela porque eu era ameaçada.

A consequência disso foi sempre viver relacionamentos abusivos e aguentar tudo calada. Eu sempre tive nojo de todos eles. Eu precisava passar pelo processo do perdão.

Capítulo 3

DECISÃO INTELIGENTE

Um dia, alguém me falou sobre perdão, mesmo sem saber minha história, essa pessoa começou a ministrar esse assunto, não é fácil, demorei para entender e aceitar que eu precisava liberar perdão para essas pessoas.

Quando então, comecei a declarar em pensamento que eu os perdoava, por muito tempo, precisei afirmar isso dentro de mim. Sabe, o perdão nos liberta, não importa se a pessoa que nos feriu merece ou não, o importante é nos livrarmos deste sentimento pesado que é a falta de perdão, quando não liberamos é como se carregássemos a pessoa conosco, isso realmente pesa muito. É inteligente quem toma essa decisão de liberar o outro.

A origem da palavra perdão vem de muitos anos atrás, um exemplo de falta de perdão pode ser comparado ao fato de que, quando alguém matava uma pessoa, o cadáver era amarrado ao corpo dela, a pessoa ia, literalmente, carregando aquele peso, o cadáver entrava em putrefação e os vermes iam comendo o assassino, matando-o aos poucos. Em alguns casos, quando, por algum motivo, era perdoado do crime, desamarravam o corpo e a pessoa ficava livre. E, espiritualmente, é exatamente isso que acontece quando não perdoamos em verdade.

Eu tenho um grande amigo, foi meu líder nas aulas de capoeira; 14 anos depois veio a ser meu líder novamente em uma denominação cristã. A experiência dele com esse assunto é impactante e se você ainda não decidiu perdoar, depois de ler isso, eu duvido que não mude de ideia!

Numa fase sombria da vida dele, quando fazia parte de uma facção criminosa, sua única irmã fora assassinada cruelmente, ele sabia quem era o assassino e declarou vingança, disse que iria matá-lo e beber o sangue. Por duas vezes, isso chegou perto de acontecer, na última vez, entrou na casa dele pelo teto e quando estava pronto para ação, ouviu o choro de uma criança, seu coração de pai o impediu de continuar.

Ele sofria de fortes dores no estômago, a sede por vingança era grande; ele dizia que não descansaria enquanto não bebesse o sangue.

Quando teve um encontro com Deus, se converteu dos seus maus caminhos e foi em um culto de cura e libertação que tudo aconteceu. A ministração veio ao encontro daquela situação, ele lutou, resistiu até que já não suportava mais as dores que sentia naquele exato momento em seu estômago, então tomou a decisão mais sábia da vida dele. Perdoou!

Naquele momento, ele precisou correr para o banheiro porque estava muito enjoado e ao chegar lá, vomitou e se deparou com uma enorme bola de sangue. O que isso significa? que ele era tão constante em desejar e declarar beber o sangue do assassino da irmã , que isso se tornou real; as coisas espirituais são tão reais que, a dor gerada no emocional, somatiza no corpo e, eu arrisco ainda em dizer que ele expeliu um câncer que certamente o mataria. A partir desse dia ele não sentiu mais dores, perdoou verdadeiramente e, hoje vive em paz. Veja quão importante e libertador, para nossas vidas, é perdoar.

No livro de Mateus capítulo 18 versículo 21 ao 22 diz: "...então Pedro aproximou-se de Jesus e perguntou: Senhor quantas vezes deverei perdoar o meu irmão, quando ele pecar contra mim? Até sete vezes? Jesus respondeu: eu digo a você: não até sete, mas até 70 × 7." Isso significa que não vamos ficar contando e quando chegar no número 490 acabaram as chances do meu irmão. Quem vai contabilizar isso? Afinal perdoar é apagar da memória. É óbvio que quando alguém perde a nossa confiança, ela vai precisar de tempo e atitude para reconquistar, não estou dizendo que você necessariamente irá esquecer o que aconteceu, mas não precisa ficar lembrando, porque relembrar é reviver. Cada vez que você lembra, volta no tempo e sente tudo novamente, acredito que não é nesse lugar que você deseja estar, no passado. Portanto viva o hoje, livre de ressentimentos. Em contrapartida, temos que reconhecer também os nossos erros, admitir que ferimos pessoas e termos a sabedoria de pedirmos perdão.

Faça isso: crie uma oportunidade para se aproximar dessa(s) pessoa(s) e peça perdão. Se a pessoa não tiver maturidade o suficiente ou conhecimento do benefício em perdoar, já não é um problema seu, sua parte você fez.

Outra coisa fundamental é perdoar a si mesma(o). Seja gentil, amável e flexível com você, afinal, você é a pessoa mais importante da sua vida. Entenda que os erros que você cometeu no passado servem de aprendizado hoje. Reconheça a pessoa que se tornou hoje, certamente, não cometeria os mesmos erros, errar faz parte da vida, é errando que se aprende, não se condene. Perdoe- se! Você merece o seu perdão. E sempre que puder, sonde o seu coração, se pergunte se ainda tem algo mal resolvido.

Sentia que tinha algo de errado comigo, já estava com meus 37 anos e, um belo dia, insisti em me perguntar: "O que tem de errado?" Em um diálogo interno eu dizia o nome de cada abusador e reafirmava, eu tinha certeza que já havia liberado o perdão para todos e, mesmo assim, ainda existia um peso. Dizia a mim mesma: "Pode me mostrar, eu não desisto, não vou dar nem mais um passo sequer enquanto não me revelar o que está escondido, eu dou uma ordem agora! Que venha a minha memória algo que está guardado no meu subconsciente e que está paralisando a minha vida, eu não aceito carregar esse peso, quero me libertar disso hoje, chega!" Já estava de joelhos e comecei a sentir uma angústia, o peito apertado, uma dor inexplicável e repetia constantemente; "me mostre o que está em oculto" chorando, comecei a perguntar: "Por que sinto essa dor? O que é isso? Tira de mim, eu já perdoei, perdoei completamente, não aceito essa dor, estão todos perdoados, o que mais eu preciso fazer?" E fiquei em silêncio, só chorando.

Até que uma voz interna- foi tão clara e audível, me disse: "É verdade! Você perdoou todos os seus abusadores, mas ainda não perdoa sua mãe! Na verdade, seu maior ódio é da sua mãe, porque se ela não te deixasse nas casas das pessoas, isso não teria acontecido, seu rancor é porque ela poderia ter te protegido e não o fez." Nesse momento, eu caí em prantos e declarei o perdão para minha mãezinha. Afinal, a essas alturas do campeonato, eu sabia que ela precisava fazer o trabalho dela para ajudar na nossa criação. É que, na cabecinha dela, estava fazendo o melhor para todos nós.

Por esse motivo, reforço para que vocês sondem o coração, pode ter algo em oculto que está te impedindo de prosseguir em paz. Dê uma ordem ao seu subconsciente e ele irá te responder!

Da mesma forma, há pouco tempo, precisava me perdoar, tinha raiva daquela menina bobinha e medrosa, por não ter aberto a boca e ter falado para a mãe as coisas que aconteciam, por não ter coragem. Visualizei-me acolhendo e abraçando aquela criança medrosa, insegura e dando a ela todo amor que faltava. Não é que não era amada, mas essa falta de proteção foi traduzida como falta de amor.

Então, vamos para a ação? Fácil não é, mas você pode, basta querer. Perdão não é um sentimento, é uma decisão que toma por amor próprio, quando o liberamos nos libertamos e deixamos de carregar defuntos nas nossas costas. É cura para ambos os lados. Acredito que você é muito inteligente e decidiu perdoar. Portanto, nesse momento, procure um lugar onde esteja só você e se desligue de tudo à sua volta, pode ser que haja uma pessoa que te feriu e pode ser que sejam muitas. Então, sugiro que anote todos os nomes que vierem a sua memória, anotando, você evitará esquecer alguém. Esse é o seu momento!

DECLARAÇÃO

Fulano (diga em voz alta o nome) Lembra aquele dia que (fale o fato que aconteceu). Você me feriu, e eu me senti (diga exatamente como você se sentiu naquele momento) Dê nome aos sentimentos.

Exemplo: raiva, ódio, vergonha, traição, desprezo, ódio (tive vontade de te socar, te matar, sumir, morrer). Mas hoje dia...(fale o dia que está fazendo essa declaração, mês e ano).

Eu arranco todos esses sentimentos do meu coração e te perdoo, eu arrebento, nesse instante, todas as correntes que te aprisionavam a mim e te deixo livre, te libero para um novo tempo na sua vida e seguirei a minha vida em paz e feliz. Sejamos felizes! Mesmo que essa pessoa já tenha falecido você deve declarar em voz alta do mesmo jeito e no final diga: Te deixo ir em paz. E se a pessoa for você, faça de frente ao espelho e depois, se abrace.

Eu sei, exatamente, como você está se sentindo melhor, depois dessa decisão sábia, leve e livre!

Toda vez que você se lembrar dessas pessoas, lembre-se desse dia e reafirme que já foi perdoado(a). Esteja atenta(o) ao seu coração, ele ainda poderá trazer à sua memória mais alguém. A partir de hoje, seja imediato o seu perdão, á medida que alguém te ferir, perdoe na mesma hora e não gaste energia remoendo.

A verdadeira liberdade

Capítulo 4

BULLYING

Eu nasci com uma deformidade dento facial, a mordida era aberta e o queixo proeminente. Isso pode ser corrigido com aparelho até os 12 anos. Tinha um problema ortopédico, as pontas dos pés eram voltadas para dentro e poderiam ser corrigidas com botas ortopédicas.

Existia um programa de TV que tinha um personagem chamado Cascatinha, se você fizer uma pesquisa na internet certamente irá encontrar, eu andava como ele, meu apelido na escola era Cascatinha, cara amassada e cara de pastel.

Só quem viveu bullying na época dos anos 80 vai entender o que estou tentando transmitir. Como aquelas crianças eram más. Eu chegava todos os dias em casa chorando e pedia para minha mãe me levar ao ortopedista para comprar aquelas botas, elas eram horríveis, pretas e pesadas.

Havia um casal de irmãos que morava na mesma rua, eles usavam as botas. Eu observava a dificuldade que eles tinham em caminhar com aquilo nos pés, mas não me importaria, já que seria temporário e solucionaria meu problema. Meus pais diziam que eles não tinham dinheiro suficiente para pagar-me um tratamento daquele, que era muito caro. Quantas vezes, chorando, eu pedia para eles me levarem ao ortodontista para que eu pudesse usar um aparelho que corrigisse minha mordida.

Naquela mesma rua morava o menino que usava um aparelho nos dentes, daqueles que encaixava uma borracha na cabeça, como uma touca e conectava em um metal que corria por toda a coluna vertebral. Esse aparelho impede a pessoa de virar o pescoço. Ele era vítima de bullying também, foi apelidado de Robocop, porque, de fato, os movimentos eram robóticos. Mas eu também não me importaria se me chamassem de robô, isso também seria por um tempo determinado, o que importava é que a minha cara de pastel teria uma solução e ninguém mais me aborreceria.

Mas meus pais nem sequer procuravam saber quanto isso custava, eles tinha um problema tão grande com dinheiro, eram tão limitados em suas mentes que, simplesmente, já diziam: "Isso é muito caro, não podemos." E ainda pior, minha mãe dizia: "Para com isso minha filha, você é linda, é uma menina normal, não vejo todos esses defeitos que você fala, não ligue para o que falam. Você é linda."

Quando eles decidiram procurar ajuda de profissionais, a minha idade já havia excedido. Então, o ortopedista disse que uma aula de balé me ajudaria e o ortodontista disse que, após os 12 anos, só uma cirurgia corrigiria.

Fui crescendo com enorme complexo de inferioridade. A consequência disso foi um problemão com a minha autoimagem. De tanto ouvir coisas horríveis sobre mim, automaticamente, entendia que precisava ser boa em algo de alguma forma. Queria ser boa o suficiente para que a minha cara de pastel não fosse o que mais chamasse a atenção das pessoas.

Depois de um determinado tempo, meu caminhar havia se tornado mais elegante por conta do ballet. Essa prática também foi tratando a timidez. Esporadicamente, eu participava de espetáculos e, como uma boa bailarina, deveria sorrir o tempo todo. Pronto! Foi então que percebi que a simpatia seria minha maior ferramenta. A paixão, aos poucos, foi crescendo até que as professoras da escola notaram. A partir daí, eu já não tinha escolha, era sempre a primeira a ser escalada para as peças de teatro, chegamos a ganhar prêmios de melhor interpretação.

Eu havia me tornado uma atriz e sabia muito bem esconder as minhas dores e traumas através de um sorriso. Sabe, a Bíblia diz que nós somos a noiva de Cristo e que um dia ele voltará para se casar conosco.

Um dia eu estava meditando nessa palavra e tive uma visão. Eu estava vestida de noiva, mas via nessa imagem somente o meu per fil esquerdo, justamente lado da minha face que eu não gostava e comecei uma briga interna. Eu dizia: "Nossa, mas por quê só mostra esse lado? Eu não gosto! O meu lado direito fotografa melhor, não quero que mostre meu lado esquerdo, o lado mais feio, não, por favor, não!" Eu me recusava, era uma tortura para mim.

Existe uma magia no silêncio. Enquanto nós estamos falando, estamos colocando para fora o que precisa ser dito, isso é bom, mas quando nos calamos, quando o silêncio predomina, é melhor ainda, porque é quando aquela voz poderosa se manifesta e te dá a resposta. Porque é assim, todas as respostas que você precisa estão dentro de você, porque Deus habita dentro de você.

Foi mais uma libertação poderosa, eu ouvi sua voz me questionando:

"Por que você está assim? Você não gosta do que vê? Olhe para você, eu escolhi tudo, a cor do seus cabelos, sua pele, seus olhos, você já reparou o brilho que eu coloquei no seu olhar, filha? Poxa, usei o tempo te desenhando e para mim você é a minha obra de arte mais amada, eu te fiz diferente de todos, desenhei com tanto carinho, amo o lado esquerdo da sua face, te acho tão linda, mas vejo que você não gosta do jeito que eu te desenhei."

Naquele momento a nossa conexão foi tão

forte que eu senti quão grande era a tristeza Dele. O tamanho do seu amor por mim, tão grande que me constrangeu e eu percebi que estava ferindo o coração Dele, toda vez que me sentia feia.

Depois desse dia, pude perceber que não existe pessoa feia. Em provérbios 15: 13 diz: "O coração alegre aformoseia o rosto, mas pela dor do coração o espírito se abate." Isso significa mais uma vez que o coração precisa estar limpo, em paz. Quando existe sentimento de inferioridade nosso espírito se abate. Isso é transmitido através do nosso semblante.

Na verdade, aquelas vozes da minha infância ecoavam em minha mente, acreditei naquelas mentiras por tanto tempo.

Quando me aceitei como sou, mais do que isso, quando aprendi a amar quem eu sou, tive força para calar essas vozes e nunca mais dei ouvido a elas. Entendi que sou perfeita e que tenho motivos para alegrar meu coração e transmitir essa alegria através de todo o meu ser, inclusive meus olhos, que são as janelas da minha alma.

Eu reconheci quão importante sou para

Deus, que fez questão de me criar, me dar a vida e escolher cada detalhe em mim. Quando isso aconteceu eu já tinha mais de 30 anos, já havia realizado a cirurgia ortognática, já havia corrigido minha mordida e, ainda assim, tinha esse complexo, o que demonstra que é na mente que a guerra acontece.

DECLARAÇÃO

Realize o processo de liberação de perdão para quem praticou bullying contra você.
Em frente ao espelho, olhe no seus olhos e declare:

Em Gênesis 1: 27 diz que eu fui criada(o) a imagem e semelhança de Deus, portanto eu sou perfeita(o) e linda(o). Dou uma ordem ás vozes que mentem todo tempo, que se calem a partir de hoje, eu reconheço a minha beleza e declaro todo o meu amor por mim! Nesse instante, sugiro que você se abrace e permaneça por, no mínimo, um minuto. Diga a você em voz alta quais são as suas qualidades e habilidades tudo aquilo que você sabe fazer muito bem. Se elogie e parabenize por tudo que você é, tudo o que se tornou a partir de hoje.
Esse diálogo interno é muito importante, você deve se tratar com amor, respeito e carinho, afinal, o mundo te trata da mesma forma que você se trata.

A verdadeira liberdade

Capítulo 5

RELACIONAMENTO

Sempre tive amigos por perto, não ia ao mercado sozinha, tive a sorte de conhecer minhas amigas aos cinco anos de idade e vivíamos na mesma rua. Nossa infância foi maravilhosa, nos reuníamos para fazer as unhas, aprendemos a fazer pão com a avó de uma dessas amigas, aprendemos com a mesma a tricotar. Havia um gramado maravilhoso no jardim da minha casa e ali, batizávamos nossas bonecas, fazíamos coquetel e tudo era uma festa, peça de teatro, brincávamos de mãe da rua, pega pega, esconde esconde, alerta, jogávamos vôlei, queimada, taco, pulávamos corda e descíamos na rua de carrinho de rolemã. Uau! que infância maravilhosa!

Quando estava com meus 14, 15 anos nós já podíamos ir às matinês, que eram bailes às tardes de domingo das 14:00h às 19:00h.

Amávamos dançar, logo estávamos participando de shows que aconteciam em parques, era perfeita nossa juventude! Éramos muito felizes, aproveitávamos nossas vidas com responsabilidade e muita diversão.

Aos 16 anos, de repente, todas as minhas amigas estavam namorando e eu me sentia muito sozinha, falei pra minha mãe que eu precisava ter um namorado e ela me aconselhou a estudar, que eu era muito jovem e não deveria pensar nisso. Mas eu fiz a minha escolha, conheci o primeiro namorado. Eu tinha 16 e ele 23, eu era uma menina inexperiente e carente.

Talvez você ainda não saiba que, na relação sexual, com o rompimento do hímen, formamos uma aliança, que é o mesmo que pacto. Mesmo que não haja sangue suficiente para vermos, acontece uma micro transferência, automaticamente, as almas ficam ligadas. Isso significa que parte da alma da outra pessoa está em você e parte da sua está com a outra pessoa. Pois é, o ato sexual vai muito além do que possamos imaginar.

Isso explica porque é que, muitas vezes, não entendemos quando um amigo(a) vive um relacionamento conturbado, infeliz e mesmo assim, não consegue se livrar disso, termina e volta inúmeras vezes ou até mesmo termina, mas quando a outra pessoa procura, não consegue dizer não. É porque houve um forte laço de alma.

Não fazia sentido, por muito tempo, eu estar naquele relacionamento, foram oito anos da minha vida onde sofri muito, não tinha maturidade nenhuma, nunca me ensinaram uma fórmula de relacionamento. Eu estava certa de que aquilo me fazia mal, mas não entendia por quê tanta dependência e por quê não conseguia me desligar dele. Eu não tinha conhecimento de que havia uma ligação de almas e mesmo depois de fazer um aborto, o qual ele me obrigou, ainda assim, me sentia presa, não tinha forças para renunciar, com todo ressentimento, mágoa, tristeza e raiva ainda não me desligava. Quando me lembrava do conselho da minha mãe e de toda a pureza que havia em mim antes desse relacionamento, eu sentia um enorme arrependimento e desejava voltar no tempo para mudar a minha estória, imagino que se fosse possível você também mudaria alguma coisa, não é?

Infelizmente, não é possível, mas, e se eu te disser que uma declaração com fé pode mudar sua história, você acredita? Sim, pode mudar a sua história daqui para frente. É verdade que a palavra tem força, digo mais, tem poder, quando proferida com fé em voz alta, o céu e o inferno ouvem, os anjos dizem amém e isso se torna uma realidade.

Isso aconteceu comigo e já apliquei a outras pessoas que conseguiram de vez libertar-se. Portanto, se você vive um relacionamento abusivo, e por alguma força maior, não consegue sair dele, faça essa declaração!

É preciso salientar algo ainda mais profundo. Se, em cada relação sexual, acontece uma transferência de alma, significa que cada pessoa que ele(a) teve relação carrega consigo um pouco dessa outra pessoa também. Portanto, se teve relação com 10, 20 ou 30, seja lá quantas pessoas forem, isso tudo é transferido para você e vice e versa.

As pessoas estão cada dia mais doentes. É uma doença na alma. Quantas pessoas, sem motivo aparente, sentem-se deprimidas, angustiadas, ansiosas, com síndromes e sentimentos suicidas. Pois eu te digo que, certamente, estão carregando em suas almas um pouco de muitas outras almas. Precisamos ser vigilantes e nos valorizar, precisamos manter as nossas almas puras, limpas nos reencontrarmos e reconectarmos com a nossa essência.

DECLARAÇÃO

Observe: anote os nomes de todas as pessoas que você já se relacionou sexualmente ou se for uma pessoa específica, o importante é dizer o nome!

Eu........(diga seu nome)

Declaro que hoje dia..../..../...... .

Eu me desligo totalmente de ....(fale o nome ou os nomes da sua lista).

Pego de volta tudo o que é meu que eu deixei nele(a) e devolvo tudo o que é dele(a) que ficou em mim.

Eu o libero para seguir sua vida em paz e feliz. E sigo a minha vida com minha pureza restaurada, em paz e feliz. Inteira para amar e ser amada.

Repita quantas vezes forem necessárias até que você se sinta em paz. Todas as vezes que você se lembrar dessa pessoa reafirme essa declaração.

Apague o contato em todas as redes

sociais para evitar que você tenha notícias, desligue-se totalmente. Faça uma faxina na sua casa no seu quarto e jogue fora todos os presentes, pelúcias, lembranças, fotos e tudo aquilo que te faz lembrar.

Você merece ser feliz! Lembre-se que agora você voltou à sua essência, está limpa(o).

Não troque essa paz por qualquer aventura e tome muito cuidado com o tipo de energia que você irá se conectar.

Na Bíblia em romanos 12:2 diz: "E não vos conformeis com este mundo, mas transformai-vos pela renovação do vosso entendimento, para que experimenteis qual seja a boa, agradável e perfeita vontade de Deus."

Nesse mundo o sexo se tornou algo banal, as pessoas se relacionam e, as vezes, nem mesmo sabem o nome da outra pessoa. Não devemos nos conformar com isso, não devemos nos encaixar nessa fôrma, a menos que você não se importe em ter uma alma doente.

Cris Santos

Capítulo 6

DIREITO À VIDA

Eu sempre fui contra o aborto, via como crime. Como poderia alguém ter a coragem de interromper uma vida, com que direito alguém faria isso? Só Deus pode determinar a vida e a morte de um ser humano. Eu realmente abominava, até que aconteceu comigo.

No primeiro instante que ele soube que eu estava grávida, já rejeitou e falou: "Vou comprar um remédio, você vai tomar porque eu não quero!" Meu chão se abriu: "Como assim? São quatro anos de namoro, eu sempre fui só sua e agora, quando eu mais preciso de você! Diga-me que é brincadeira!" Mas não era brincadeira. Ele me fez tomar aquele remédio que quase me matou, estive por três dias internada, sentindo todas as dores de um parto, passei por uma cirurgia de curetagem. Porém, a maior dor agora era na alma e na consciência, eu, que sempre amei crianças, agora me sentia uma assassina, uma criminosa. Ainda pior, matei meu próprio fruto. Meu Deus! Estava condenada ao inferno. Como isso foi acontecer comigo? A culpa estava me matando, me sentia indigna do perdão de Deus. Eu não tive forças para procurar uma saída.

Aqui na Inglaterra é normal, o aborto é legalizado. A primeira pergunta que o médico faz é se você deseja prosseguir, eles não consideram gravidez até as 12 semanas, ou seja, três meses.

Fico me perguntando, se com esse tempo não é uma gestação então por que interromper? Horas, se não é uma gestação, então não precisa fazer nada, faz sentido pra você?

Em 2 Coríntios 4:4 diz:

"O deus dessa era cegou o entendimento dos descrentes, para que não vejam a luz do Evangelho da glória de Cristo, que é a imagem de Deus."

O deus dessa era é o inimigo de nossas almas. Os descrentes são os incrédulos, os ateus, aqueles que não acreditam em Deus, mas acreditam na ciência.

É por isso que é tão simples para muitas pessoas dizerem ao médico, sim quero interromper, não, eu quero continuar. É porque estão cegos! É tão simples! Se não deseja ter uma gravidez, existem inúmeros métodos anticonceptivos. Todo sangue derramado será cobrado!

Nenhum ser humano tem o direito de determinar a interrupção de uma vida. Algumas pessoas, nas suas mais obscuras concepções dizem: "Meu corpo, minhas regras." Tudo bem! Mas deixa eu te falar. Se tem outro corpinho dentro do seu corpo já não é o seu corpo, trata-se de outra vida. Não faça isso com ele e nem com você. Nós estamos nesse mundo de passagem, somos seres espirituais tendo uma experiência em um corpo, mas nosso espírito voltará para o lugar que será determinado de acordo com as nossas ações. Se você está pensando em fazer isso, pare agora! Aceite seu filho e viva experiências maravilhosas.

Se você já fez aborto e está sentindo o peso da culpa, está arrependida ou só depois de ler isso, percebeu que há algo de errado nisso, te convido a fazer uma declaração comigo. E você, que não se arrepende, te afirmo que, a maldade desse mundo, já te cegou, o que você precisa urgente é voltar a sua essência para que não perca sua alma. Obviamente, uma pessoa que faz isso, só faz porque está em um momento de desespero e porque não consegue enxergar uma saída, por não ter apoio e desconhecer as consequências.

Eu, com certeza, já vivi as minhas consequências e posso te garantir que, mais uma vez, se eu pudesse voltar no tempo, não teria feito, até porque hoje sou mãe e sei o quanto isso me torna, cada dia, uma pessoa melhor. Mesmo estando sozinha com a minha filha, nunca faltou nada para ela, porque, se Deus permite uma fecundação, ele provê tudo o que for necessário para essa criança.

DECLARAÇÃO

Deus, eu te peço perdão, Senhor, nesse momento, por ter abortado, por ter interrompido uma vida sem ter o direito, pois só o senhor pode determinar o início e fim de uma vida, eu me arrependo.

Eu te peço, nesse momento, que o senhor recolha todo o sangue derramado. Que o Senhor venha fazer uma limpeza no meu coração, na minha mente e no meu útero e venha restaurar o meu sistema reprodutivo.

Eu declaro que me perdoo e perdoo também .... (diga o nome) que lançou em meu útero aquela sementinha que rejeitou. Se for masculino declare o nome dela, eu lancei a sementinha e ela rejeitou.

Eu peço perdão a você filho(a), pois eu estava cega(o). Estava na minha ignorância. Eu reconheço que se fosse hoje, não faria! Sigo perdoada em paz!

Cris Santos

Capítulo 7

INSEGURANÇA

Eu sou a caçula da família, somos somente eu e meu irmão. Ele é mais velho três anos. Era horrível o jeito que nós nos tratávamos, eu sempre queria ficar perto e participar das brincadeiras dele, mas ele sempre me rejeitou, dizia que era brincadeira de menino e que eu não poderia participar, eu insistia, chorava e no final ele perdia a paciência e acabava sempre me batendo, nós brigávamos todo o tempo, em qualquer lugar. Minha mãe morria de vergonha, mas também nunca conversou e nos ensinou como deveria ser uma relação entre irmãos, a única coisa que meus pais diziam para ele é que eu era pequena e que ele não podia me bater, daí a raiva dele aumentava e ele sempre prometia de me pegar em um momento que meus pais não estivessem . Hoje, eu entendo que era coisa de criança.

Constantemente, minha mãe saía, como já falei anteriormente. Ela costumava ir ao Brás ou realizar algumas entregas. A pior coisa era quando eu acordava e percebia que só estávamos eu e meu irmão, eu entrava em pânico e me sentia traída pela minha mãe, porque eu sempre pedia para ela que não me deixasse sozinha com ele, porque ele ia me bater, ela prometia que não faria isso mas acabava fazendo.

Fui crescendo insegura, sempre senti que seria traída, abandonada, enganada e achava que estavam sempre mentindo pra mim. E trouxe isso para os meus relacionamentos. Acontece que um relacionamento sem confiança é impossível.

Da mesma forma, como eu tinha isso comigo, acabava atraindo pessoas que realmente traíram minha confiança. Isso se repetia e se fortalecia, como um ciclo que sempre se renova. Porque era uma crença minha, tornou-se uma fortaleza mental. Se não estamos felizes com os frutos, precisamos trocar as raízes. Isso quer dizer que, quando estamos sempre caindo no mesmo erro, temos que ir na raiz do problema e arrancá-la de nós, só trocando as raízes podemos trocar os frutos e para termos frutos saudáveis precisamos de uma terra boa, regar, adubar , podar ... Eu precisei voltar na minha infância, entender que era difícil pra minha mãe carregar nós dois para todos os lugares que ela ia. Realmente, era mais rápido e prático ir sozinha, e que, no coração dela não havia intenção nenhuma de me fazer sentir insegura, que ela fazia isso para nosso próprio bem, afinal, as nossas roupas e calçados era ela quem comprava.

Isso se chama ressignificar, É você enxergar o lado positivo e trazer para o hoje o entendimento! No meu caso, minha mãe não tinha a percepção de que poderia fazer diferente. Naquelas circunstâncias ela acreditava estar fazendo a coisa certa. E, na verdade, era melhor ficar com meu irmão que me estapeava do que ficar em casas de pessoas que abusavam de mim. Ressignifiquei e a partir desse momento, quando me sentia insegura, me auto analisava e me questionava, será que é comigo ou não posso confiar, de fato, nessa pessoa?

Salmos 125:1 diz:

"Os que confiam no Senhor são como Monte de Sião que não se abalam mas permanece para sempre."

Resolvi confiar em Deus, entreguei toda insegurança em suas mãos e permaneci inabalável. Penso que as pessoas que se aproximarem de mim terão o meu melhor, mas se me traírem, isso é um problema delas, entenderei que precisam tratar o caráter. Que não é sobre mim. Eu permaneço inabalável!

Feche os olhos mergulhe para dentro de si e veja o que mais aconteceu que te fez ser insegura(o).

DECLARAÇÃO

Eu volto naquele momento (cite tudo em voz alta, o que vier na sua memória, pessoa, lugar, tempo, acontecimento). Agora entendo o porque que aquela pessoa fez isso, eu reconheço que ela desconhecia o mal que estava causando a mim.

Eu arranco do meu coração e da minha mente (faça gestos com suas mãos tirando essas coisas de dentro de você) nesse momento toda e qualquer insegurança, medo, desconfiança, ciúmes e declaro: "Não perco mais tempo criando cenas em minha mente de coisas que jamais acontecerão. Eu decido confiar em Deus e confiar em mim. Eu sou como monte Sião que não se abala! Eu sou inabalável."

Faça a posição da mulher maravilha e para os homens posição do Superman.

Pernas afastadas, coluna reta, ombros para trás, peito para frente, punhos cerrados e apoiados na cintura. Permaneça nessa posição por, no mínimo, um minuto. Respirando fundo e sentindose segura(o), poderosa(o).

Cris Santos

Capítulo 8

MERECIMENTO

Meus pais sempre compravam roupas e calçados mais baratos. Nunca, na minha vida, quando criança, os ouvi falarem sobre qualidade, não! Era sempre o menor preço que definia a escolha, esse era o critério. Lembro como se fosse hoje, minha mãe me fez posar para foto com uma roupa que eu odiei. Claramente, percebe-se naquela foto que meu sorriso era forçado; aquilo me fez sentir ridicularizada e ela sempre falando... "Você está linda!" Mas não era o que eu percebia, não era assim que me sentia. Existia um comercial na TV do Sucrilhos kelloggs, meu Deus! Eu babava de vontade, quando pedia para o meu pai ele sempre dizia que era muito caro, impossível de comprar, eu insistia e meu irmão me ajudava, as vezes meu pai, só pra nos fazer calar, dizia: "Está bom! Quando puder eu compro! Nossa!

Aquilo nos enchia de esperança, mas não... Ele não comprava.

Tudo o que eu falava pra ele que queria ou que sonhava fazer um dia, ele dava uma gargalhada e dizia: Oh minha filha! Esqueça! Isso não é coisa pra pobre não, isso é pra rico, a gente nunca vai conseguir!

Me dava uma revolta! Eu me perguntava: "Por que meu pai ria de mim? E pensava, um dia eu vou conseguir e ele vai ver."

Minha mãe nasceu na Bahia e todo mês de junho acontece uma grande festa lá, sempre ia alguém da família e, às vezes, ela mesma ia, eu pedia para ela me trazer um doce de coco que eu amava.

Quando ela retornava eu corria pra ver se trouxera, e, para minha alegria, a resposta era sim, mas ela já ia dizendo: "Calma que é pra dividir!" Ela dividia para tantas pessoas que me sobrava só um pedacinho. Eu ficava triste porque sabia que só teria novamente no próximo ano. Assim acontecia com absolutamente tudo, uma melancia, bolo, o maior bife sempre era dos outros, eu nunca tive esse prazer. Sem falar que ela sempre dizia que era mais fácil um camelo passar pelo buraco de uma agulha do que um rico avarento se salvar, fortalecendo em minha mente que Deus não gosta dos ricos, que você pode até ser rico mas perde sua salvação. Isso me fez acreditar que eu não merecia o melhor, que o melhor sempre é para os outros, nunca para mim, que as melhores coisas são inacessíveis; que eu deveria trabalhar arduamente para me vestir e comer.

Em consequência disso, sempre me preparei para ser uma boa profissional em tudo que me propunha fazer, mas nunca soube cobrar o real valor do meu trabalho, no fundo a crença do não merecimento era tão forte que muitas vezes até mesmo antes de alguém me pedir desconto eu já oferecia.

Quando tive minha filha, prometi a mim mesma que faria diferente , que a apoiaria em todos os seus sonhos mais loucos, que mostraria a ela que tudo é possível ao que crê.

Eu sempre dizia pra ela: "Filha, nós somos ricas." Certa vez, quando fui busca-la na escola, vieram duas amiguinhas correndo em minha direção e empolgadas me perguntaram: "Tia, é verdade que você é rica?"

Uau! Eu consegui criar essa realidade na mente da minha filha, pensei!

E, rapidamente, me abaixei, olhei nos olhos das meninas e questionei: "vocês moram em uma casa?

Comem todos os dias? Tem roupas para trocar? Tem uma cama para dormir?" E todas responderam sim para todas as minhas perguntas.

Disse a elas: Então, vocês também são ricas, disse entusiasmada, com um belo sorriso no rosto. Elas saíram saltitando de alegria, repetindo que eram ricas também. E eu confesso que quase saí pulando junto.

Quando a minha filha tinha seis aninhos, eu perguntei: "Filha, qual é o seu maior sonho?" Ela respondeu: "É ir para Paris e conhecer a Torre Eiffel." Confesso que eu pensei, "meu Deus não poderia ser um par de patins ou uma bicicleta?" Mas falei: "Ok filha!" Eu sabia que precisava alimentar o sonho dela.

No dia seguinte, fui à Rua 25 de Março e comprei uma Torre Eiffel cheia de luzes, era linda, toda colorida, tinha três fases diferentes e comprei também um cofre bem grande escrito: "para a realização de um sonho". Eu a ensinei economizar e salvar dinheiro para o cofre de Paris.

Três anos depois, estávamos realizando o sonho dela e foi com o dinheiro dela que pagamos nossa estadia por três dias no hotel. Até hoje, eu sempre apoio as ideias dela. Ela está crescendo e crendo que tudo pode, isso me deixa muito satisfeita, quebrei na minha linhagem essa crença limitante, reconheço que eu e minha família merecemos o melhor dessa terra, uma vida próspera e abundante!

Posso todas as coisas naquele que me fortalece. Filipenses 4:13 Mas quem confia no Senhor prosperará. Provérbios 28: 25b

Eu vim para que tenham vida e a tenham em abundância. João 10:10b Ora, se existem tantas promessas para minha vida por que não acessá-las?

Obs.: Não peça. Você tem que afirmar que isso já é uma verdade em sua vida.

DECLARACÃO

Eu quero

Eu posso

Eu mereço

Eu posso todas as coisas em Deus que me fortalece. Eu sou próspera (o) e abundante. Eu comerei o melhor dessa terra e viajarei para todos os lugares que eu desejar.

Se for preciso escreva isso e cole no seu espelho, ao lado da sua cama, quando acordar, afirme. Se tiver algum motivo específico afirme que você pode e merece.

A verdadeira liberdade

Capítulo 9

UM FATALIDADE TE BLOQUEIA

Possivelmente o assunto mais difícil.

Quando criança eu tinha uma prima que era minha melhor amiga. Até hoje eu nunca amei alguém como a amei, talvez porque éramos muito novinhas, existia uma pureza e uma reciprocidade inigualável. É claro que eu tenho amigas verdadeiras que eu amo muito, mas a diferença é que nós éramos tão inocentes ainda e combinávamos em tudo, nós nunca nos desentendemos. Não éramos egoístas, (crianças nessa idade, geralmente são) nós compartilhávamos brinquedos e brincadeiras sem quaisquer problemas, era tão, mas tão forte nossa ligação que se demorássemos para nos ver, adoecíamos. Tínhamos a necessidade de nos encontrar para gastarmos um tempo juntas.

Lembro-me, certa vez, quando do meu

portão a avistei com sua mãe, lá em cima, no início da rua, sai correndo ao seu encontro, ela também; corremos o mais veloz que podíamos para adiantar o tempo de estarmos juntas. Quando nos abraçamos, o impacto foi tão grande, que caímos e nos ralamos. Engraçado, não me lembro da dor, só da felicidade que senti naquele momento. Eu tinha outras primas, mas ela era minha melhor amiga.

Uma noite nós recebemos a visita de um casal, eram meus primos, eles vieram avisar meus pais que havia acontecido um acidente, a minha prima não estava muito bem, foi assim...foram à farmácia, o pai, a mãe e ela, ao atravessarem a avenida, um caminhão desses que recolhe o lixo, pegou em cheio a mãe e a filha, o pai desesperado não sabia qual das duas socorrer.

Eu estava ouvindo toda aquela conversa, mas ignorei e fingi que nada tinha acontecido. Na verdade eu tinha esperança que tudo ficaria bem. Minha mãe, a vida toda participou de grupos de oração, naquela noite, fui com ela. Lembro-me dela ter pedido para orarem pelas duas. Mãe e filha estavam internadas, mas a mãe estava fora de perigo, só a filha estava em estado gravíssimo. Eu permaneci ignorando.

Não me lembro ao certo quanto tempo durou essa tortura, quanto tempo ficaram no hospital, mas eu lembro que tudo que eu mais queria era ouvir alguém dizer que elas estavam bem e que a minha amiguinha já estava voltando para casa.

Lembro como se fosse hoje, meu pai entrando no salão da igreja para falar com a minha mãe, ele nunca aparecia por lá, logo, fiquei apreensiva e ouvi a frase mais dolorosa de toda a minha vida até hoje: "Vamos para casa mulher, a menina morreu." Simplesmente ignorei, não aceitava, não acreditava, era um pesadelo, queria poder acordar e ter a certeza de que era só um pesadelo. Mas era real e eu não esbocei nenhuma reação. E assim, foi no velório, eu só acreditei quando a vi. Aquela era minha primeira experiência com a morte, e, por que logo a primeira tinha que ser com a minha melhor amiga? Não tinha como entender o que estava acontecendo, a mãe dela estava lá toda machucada, que imagem forte ainda tenho do seu semblante.

Eu escondia a minha dor, era muito pequena, só tinha sete aninhos.

Fingi o tempo todo que estava tudo bem, eu me recusava a entender e aceitar. Como uma criança de sete anos, fui brincar, segui a correr em volta dela, ignorando aquela verdade na minha frente, ignorando completamente que ela estava partindo e me deixando. Eu não chorei, meu coração se fechou totalmente. Mas o que eu mais queria era gritar, gritar, gritar, pedir pra Deus não levar ela, pedir ela de volta, pra ela não me deixar, o que seria de mim agora, sem ela? Eu queria tirala dali, eu queria ter poder, eu queria ter poder! Trazê-la de volta, porque eu não conseguiria prosseguir sem ela, era como se metade de mim tivesse partido, eu me sentia incompleta, sozinha sem a minha Olivinha.

Agora eram só lembranças, ela era tão linda, tinha os olhos expressivos e os cabelos cacheados longos, era mimosa, delicada, era uma referência pra mim, nós nos completávamos, a irmã que eu tive era ela, eu poderia escrever mais um capítulo só falando dela.

Durante um tempo ela me visitava em meus sonhos. Uau! Era tão real, tudo que nós mais queríamos era estudar na mesma escola, porque assim nos veríamos todos os dias. E assim eram os meus sonhos, estudávamos na mesma escola e na hora do recreio ficávamos juntas e foi assim por um tempo. Eu tinha a alegria de recebe-la em meus sonhos, mas o pesadelo era acordar e saber que não passava de um sonho, que ela jamais voltaria e eu nem dei tchau pra ela.

Desde então, eu nunca mais na minha vida me senti pertencente a grupo algum. Tenho muitas primas e amo cada uma do jeitinho que elas são, mas sempre tive um bloqueio, talvez medo de me apegar e acabarem partindo também. Aliás, todas as outras pessoas que partiram, quando ainda estavam em processo de caminharem para a luz, eu não ia dar tchau, nunca soube lidar com isso, não queria participar do sofrimento, já que eu não tinha poder para mudar a situação. Dentro de mim havia esse sentimento e também meus pais me cobravam, eu precisava visitálos, mas resistia até quando já não havia mais tempo. Então, eu corria para dar tchau, na maioria das vezes já era tarde.

Após sua partida, fui bloqueada pela minha mãe, por ambos, mas era mais a minha mãe, nunca me deixou andar de bicicleta, patins, eu não podia, ela dizia que eu ia cair e que o caminhão ia passar por cima de mim.

Quando eu via as crianças andando de bicicleta eu achava o máximo. Só quando eu já tinha 14 anos, as minhas amigas disseram: "O que é isso? Você é única de nós que não aprendeu, você vai aprender." Sou grata às minhas amigas de infância que me encorajaram e não desistiram de mim!

Incrível como uma declaração tem poder, principalmente se tratando de uma autoridade em nossas vidas, como uma mãe. Toda vez que eu subia na bike, quando ia tirar o pé do chão meu coração acelerava, parecia que ia sair pela boca. Rapidamente, pisava firme com os dois pés no chão porque ouvia a minha mãe falar na minha mente. Então olhava para trás para ver se estava vindo algum caminhão.

Demorei muito, minhas amigas tiveram

muita paciência e eu só consegui sair do lugar quando me levaram para o pátio da igreja que era na nossa rua. Ali me senti segura porque nenhum caminhão teria acesso.

Hoje, tenho 41 anos de idade e ainda sonho em aprender andar de patins. Alguns anos atrás, cheguei a comprar os patins dos meus sonhos, arrisquei dentro de casa no máximo quatro passos, mas não passou disso. É um pensamento constante em minha mente aprender a andar de patins.

Aqui na Inglaterra é outono, logo vem o inverno e aí eles montam aqueles parques de patinar no gelo. Sempre fico frustrada por não participar, em dezembro de 2013 arrisquei em um desses parques na Escócia, eu fiquei grudada na grade. Não tive coragem de sair do lugar.

Por toda minha vida fui medrosa porque a voz da minha mãe era colada na minha mente e, só hoje, eu entendo que tudo começou com a morte da minha prima. Porque é uma parte de mim que ficou lá naquele velório. O grito que eu precisava dar ficou entalado, o choro que eu precisava chorar ficou dentro do meu peito esses 34 anos da minha vida.

Como você pode perceber, eu vim sendo desbloqueada de várias coisas na minha existência, só não sabia que faltava esse desbloqueio. Não vivi o luto que precisava.

Em 2020, comecei a namorar com um rapaz e disse a ele que gostaria de andar de bicicleta, uma coisa tão simples para muitos. Começamos a passear na beira do lago e eu estava me sentindo segura, não passava carro por ali e o fato dele estar comigo me fazia sentir ainda mais segura. Naquele momento, senti o vento no meu rosto, nos cabelos; a sensação de liberdade era tão boa que comecei a me questionar por que não vivia isso, por que tinha tanto medo. Então, tive a resposta de que a minha mãe me botava medo. Me perguntei por que tinha medo de caminhão; a resposta foi porque foi um caminhão que tirou a vida da Olívia. Só então, entendi, era inconsciente, eu não fiquei a minha vida inteira associando uma coisa com a outra. Quando percebi o que estava me bloqueando, fiz uma declaração! Disse: "Eu amo passear de bicicleta! Sinto-me livre e feliz! Portanto, me liberto de todo medo, só vai acontecer comigo o que tiver de acontecer e eu não serei capaz de impedir, não tenho poder para isso, mas a partir de hoje toda oportunidade que eu tiver aproveitarei. Essa é a minha vida, eu me permito ser livre de todo o medo e viverei mais momentos de alegria!

Alguns dias atrás precisava ir ao mercado, rapidamente, para buscar um ingrediente que faltava e esse namorado falou: "Vá de bike, será muito mais rápido!" Eu disse: "Não!" Mas dois minutos depois eu disse sim! Pensei, "eu já venci esse trauma, eu quero, eu gosto, eu posso, eu vou!" Era, cerca de cinco minutos, pedalando cinco para ir e cinco para voltar, mas eu iria sozinha. Seria um grande desafio. Eu fui, tremendo, mas fui. Meu Deus! Que adrenalina, que delícia! Eu rompi, era agora a mulher mais feliz do mundo. Sou muito grata a ele por me encorajar e me ajudar a romper.

Semana passada, eu estava sentindo uma angústia, não havia motivo aparente para isso, questionei meu coração, questionei Deus, meu sub consciente. Precisava saber o que era isso, analisando a minha vida, estava tudo bem.

Então, cheguei em casa, preparei um banho com sais, deixei a luz baixa e fiquei em silêncio. Pedi a Deus para me mostrar o que significava aquela angústia, fechei meus olhos e permaneci repetindo para Deus me mostrar, foi fatal, sempre tenho resposta!

E então fui levada ao velório da minha prima e melhor amiga, sim, é possível, eu voltei lá e aquela voz poderosa me perguntou, o que você sente e o que você precisa fazer nesse momento?

Você pode, você tem a chance de falar tudo, de chorar tudo que você não chorou quando deveria. E eu revivi, senti todas as dores novamente, doía na alma, senti na carne, gritei o grito que ficou preso por 34 anos. Falei tudo que precisava, chorei tudo; todas as lágrimas que eu carregava comigo toda minha vida, eu a abracei muito, declarei meu amor, disse tudo que sentia e dei tchau, deixei-a ir. Eu a deixei ir em paz. Aquele anjo, aquela Princesa linda.

Quantas vezes, me perguntei: "Como será que ela estaria se estivesse viva?" Ah, meu

Deus! Como é difícil lidar com a morte, mas nossa vida continua até quando Deus permitir. A saudade dói, mas o que ficam são os momentos bem vividos, eu só tenho lembranças boas.

Quando perdemos alguém precisamos estar presentes no momento. Não acredito que calmante seja uma boa escolha, esteja presente, fale o que precisa falar, viva aquele momento, o que for preciso, grite se for preciso, coloque tudo pra fora, deixa a pessoa ir, respeite isso e viva o luto. Se você precisa dar ou pedir perdão, o faça! Pois o corpo está morto mas o espírito está vivo. Se você, após ler esse capítulo, reconhece que precisa ter um acerto com alguém que partiu, prepare-se para essa declaração que será libertadora!

Você vai precisar voltar naquele dia!

DECLARACÃO

Fulano(a). Diga o nome e comece a falar tudo o que você não falou. Abra o seu coração e tudo o que vir à sua memória, declare. Declare seu amor, seu ódio, coloque tudo para fora, essa é a hora, chore, grite, esse será seu grito de liberdade. Essa é a hora de dar ou pedir o seu perdão, diga o que está sentindo e declare:

"Hoje, eu te deixo ir, eu te libero, pode ir, vá em paz!"

Você precisa usar a sua imaginação nesse momento para realizar o enterro, mas você só deve enterrar essa pessoa depois de ter acertado tudo o que precisava. Faça o que o seu coração mandar, Tudo aquilo que você sentir necessidade faça.

Dê o último adeus!

A verdadeira liberdade

Capítulo 10

A VERDADEIRA LIBERDADE

A verdadeira liberdade é uma viagem! Não é para a direita, e nem para a esquerda, não é para a frente nem para trás, não é para cima nem para baixo. É pra dentro, dentro de você, onde estão todas as respostas que você precisa, onde estão todos os arquivos que precisam ser acessados, lidos e relidos.

É encontrar as feridas que não foram cicatrizadas porque foram abafadas, esfregá-las até sair a casca; isso dói, fede, porque é uma ferida abafada há tempos. Mas depois, de exposta, lavada e tratada, ela cicatriza de dentro para fora. Ali fica uma marca, mas já não dói quando tocada.

A verdadeira liberdade é amar a Deus sobre todas as coisas e ao seu próximo, perdoar, não julgar, examinar e ter a certeza de estar com o coração em paz.

É assim, para que haja uma libertação, você precisa voltar no momento onde houve um bloqueio, onde você ficou presa(o), isso só depende de você!

Eu te dei as chaves para você abrir as algemas e ferrolhos das celas que aprisionam sua alma.

Então use-as!

Vire as chaves e... SEJA LIVRE!

A verdadeira liberdade

SOBRE A AUTORA

 **Cristiane Sousa dos Santos**. Nascida no bairro da Móoca e criada na zona leste de São Paulo, Cristiane Sousa dos Santos, Brasileira, chegou à adolescência com mentalidade empreendedora, iniciando no mercado de trabalho aos 15 anos e abrindo seu primeiro negócio na área da beleza aos 16 anos de idade. Muito entregue a tudo que fazia, recebia de suas clientes a comprovação de que, além do dom da fala, o dom de ouvir e aconselhar também faziam parte de sua essência, pois mesmo com pouca idade, suas clientes encontravam em Cris, o ombro que precisavam, tendo em vista que já identificavam nela, confiança. Confiança esta que se estende até os dias de hoje por meio do respeito com cada vida e suas feridas.

Explorando outras áreas que afloravam ainda mais sua expressividade, ministrou cursos e durante 20 anos dedicou-se profissionalmente às suas paixões; a dança e o teatro. Aos 30 anos frequentou a escola de Educação física, foi modelista e paralalelamente, não abandonando sua fé, atuou em ministérios de liderança e intercessão.

Toda sua jornada permitiu seu ingresso naturalmente no mundo Coach, para que, assim, lapidasse uma habilidade nata em si: o dom de auxiliar as pessoas.

Hoje, mãe, vive na Inglaterra, onde despertou o amor pela escrita e dá continuidade a sua história como empresária e mentora de mulheres.

Printed in Poland
by Amazon Fulfillment
Poland Sp. z o.o., Wrocław

91386012R00054